AF197074

WESTEND

OSKAR SEYFERT

Vom Privileg, einen kranken Vater zu haben

MIT FOTOS VON
MARIANNE MOOSHERR

WESTEND

Ich danke meiner Familie, meinen Freunden
und einem besonders: meinem Vater

»Wenn das mein Schicksal ist, will ich es ertragen!«

Hallo, mein Name ist Oskar. Ich bin 15 Jahre alt. Als ich elf war, hat mein Vater Alzheimer bekommen.

Früher waren wir eine ganz normale Familie: zwei Eltern mit drei Kindern. Eine Familie ohne große Besonderheiten. Meine Eltern waren beide berufstätig, wir lebten in einem schönen großen Haus, hatten oft Besuch, waren gesund, glücklich und hatten alles oder fast alles, was dazugehört. Wir machten tolle Urlaube und hatten viel Spaß miteinander. Wir waren zum Beispiel einmal in der Karibik, und damals habe ich mich oft gewundert, wie einfach das Leben so ist. Die größte Hürde für mich war damals mein Silber-Schwimmabzeichen gewesen. Auch mein Bruder und meine Schwester kannten nur kleine Hürden: Sie waren so wie ich gut in der Schule, beliebt, hatten tolle Hobbys und waren immer gut drauf. Eines Tages aber passierte etwas, was unser Leben extrem erschweren und unsere erste richtige Prüfung im Leben sein sollte. Mein Vater wurde dement ...

Dabei war er erst 54 Jahre alt.

Ich werde über die danach folgenden Veränderungen in meinem Leben schreiben, über die veränderte Beziehung zu meinem Vater, darüber, was positiv beziehungsweise negativ für mein jetziges oder späteres Leben ist oder sein könnte. Ich werde auch über den Prozess der Erkrankung schreiben, erzählen, was meine Ängste und Gefühle waren, und auch darüber, was einen guten Vater ausmacht.

Der Prozess der Erkrankung, also die Zunahme der Vergesslichkeit meines Vaters, dauerte ziemlich lange. Es war auch nicht so, dass durch Zufall herauskam, dass mein Vater dement ist. Schon vor der Diagnose war mein Vater zerstreuter als früher. Und ungefähr ein Jahr vor der Diagnose war es zum ersten Mal so, dass ich meinen Vater irgendwie seltsam fand. Er stellte mehrmals innerhalb einer halben Stunde dieselbe Frage. Ich weiß allerdings nicht mehr, worum es ging oder ob es circa ein Jahr oder nur ein Monat vor der Diagnose war.

Ich weiß aber noch, dass mein Bruder und ich uns damals über ihn lustig machten. Wir sagten hinter seinem Rücken als Scherz so Sachen wie, dass wir uns auch so ein gutes Gedächtnis wie das von unserem Vater wünschen. Dabei lachten wir, ohne zu wissen, dass das der Anfang der vielleicht schlimmsten Sache war, die jemals in unserer Familie und in unserem Leben passiert ist.

Meine Mutter und mein Vater hatten schon eine ganze Zeit vor der Diagnose bemerkt, dass er immer vergesslicher wurde, weshalb ja mit meinem Vater so ein Test auf Alzheimer gemacht wurde …

Ich kann mich heute nicht mehr an den Tag erinnern, als bei meinem Papa Alzheimer diagnostiziert wurde. Ich glaube auch, dass meine Eltern es mir und meinen Geschwistern am ersten Tag auch nicht sagten, weil sie vielleicht erst einmal überlegen mussten, wie es jetzt weitergehen würde, und erst einmal damit klarkommen, dass mein Vater bald weder arbeiten noch Auto fahren noch richtig reden und irgendwann auch nicht mehr richtig denken können würde.

Meine Mutter erzählte uns einmal, was mein Vater gesagt hat, als ihm die Testergebnisse zu einer möglichen Alzheimer-Erkrankung mitgeteilt wurden. Er soll gesagt haben: »Wenn das mein Schicksal ist, will ich es tragen!« Wenn das wirklich seine allererste Reaktion gewesen ist, habe ich wirklich allen Grund, stolz auf meinen Vater zu sein. Das klingt jetzt vielleicht albern, aber es gibt ja Leute, die nach so schlechten Diagnosen depressiv werden oder sich manchmal sogar umbringen.

Das Erste, wenn ich mich an die Zeit nach der Diagnose erinnere, ist, dass mein Vater nicht mehr zur Arbeit ging und an einem Abend mit meiner Mutter darüber redete, dass er sich unwichtig fühlte. Meine

Geschwister und ich nahmen die Krankheit trotzdem nicht so wahr. Zumindest realisierten wir nicht so ganz, wie schlimm sie war. Es gab auf jeden Fall fortan immer mehr Momente, in denen sich mein Vater völlig anders verhielt als früher.

Einmal fuhr meine Mutter mit mir und meinen Geschwistern aufs Land in ein Ferienhaus, da wir dort an einem Wochenende den Geburtstag meiner Großmutter mit der restlichen Familie mütterlicherseits feiern wollten.

Meine beiden Halbbrüder, seine Söhne aus erster Ehe, kamen zu meinem Vater nach Hause, um dort mit ihm die beiden Tage zu verbringen. Doch an dem Morgen, nachdem seine Kinder bei ihm angekommen waren, fuhr er einfach weg. Er fuhr zu uns, weil er uns überraschen wollte. Er vergaß dabei aber, dass seine Söhne ja zu Besuch zu ihm gekommen waren.

Solche Aktionen häuften sich mit der Zeit, und irgendwann wurde mir klar, dass diese Krankheit sehr viel mehr Einfluss auf mein Leben haben würde als gedacht. Wir mussten zum Beispiel viel sparsamer mit Geld umgehen. Mein Vater war auch viel trauriger als früher. Er lachte und redete auch viel weniger, als er es vor der Diagnose getan hatte.

Was sich zudem in den letzten Jahren bei meinem Vater änderte, war die Art des Vergessens. Am Anfang konnte er noch normal reden und die meisten Dinge tun. Es war nicht so, dass er direkt nach der Diagnose nichts mehr konnte. Das kam so nach und nach mit der Zeit. Am Anfang vergaß er also nicht, wie man Dinge machte, sondern es unterliefen ihm logische Denkfehler. So wie in der Geschichte mit meinen beiden Halbbrüdern. Er konnte noch Auto fahren und fand auch die Adresse von unserem Ferienhaus heraus, aber vergaß, dass er Besuch hatte und gar nicht wegfahren sollte.

In einer anderen Phase nach seiner Erkrankung fielen uns weniger die logischen Denkfehler auf als dies, dass er immer leiser wurde und sich mehr und mehr zurückzog. In der Zeit fing er auch an, Stockkunst zu machen, das heißt, intensiv an Stöckern herumzuschnitzen. Die Fotos, die in diesem Buch zu sehen sind, sind Fotos seiner von ihm bearbeiteten Stöcker. In der Phase fing er dann auch an, so zu vergessen, wie man sich Vergessen vorstellt. Er verlegte Dinge, fragte mehrmals nach und vergaß einfach generell, wie er manches machen sollte, was er immer schon gemacht hatte. Es gab in solchen Phasen nur wenig, was ihn aufheiterte. In dieser Zeit gab mein Vater auch seinen Führerschein freiwillig ab, weil wir in der Familie dachten, es wäre sehr viel sicherer, wenn er nicht mehr fahren würde.

Mittlerweile ist es so bei ihm, dass er sich wegen sehr vieler Sachen aufregt. Zum Teil seufzt er einfach, wenn einer im Raum etwas sagt. Dafür muss er ja nicht verstehen, was gerade das Thema ist. Aber wenn jemand was sagt, guckt er genervt. Ich glaube, er bewältigt damit seine Situation. Er ist lieber der Genervte als der Vergessliche. Er lacht aber auch deshalb so viel weniger, weil er weniger Grund hat zu lachen. Er versteht mittlerweile die wenigsten Witze, da er, während sie erzählt werden, vergisst zuzuhören. Oder er vergisst, wie der Witz angefangen hat. Ein weiteres Merkmal des Zustands, in dem er sich momentan befindet, ist die Art, wie er spricht. Er bringt nur noch halbe Sätze heraus, die zu einem großen Teil überhaupt keinen Sinn ergeben.

Bald wird es aber noch schlimmer bei ihm sein. Bald wird er nicht mehr lachen können, dann wird er irgendwann überhaupt nicht mehr sprechen können, noch später wird er nicht mehr laufen oder essen können. Er wird all das irgendwann nicht mehr können. Und dann, noch viel später, wird er wahrscheinlich auch nicht mehr denken können …

Aus irgendeinem Grund, den ich selber nicht verstehe, habe ich keine wirklich große Angst vor dem Zeitpunkt, ab dem mein Vater das alles nicht mehr können wird. Ich denke, dass meine Geschwister und ich uns daran gewöhnen werden, wenn mein Vater einfach nichts mehr tut. Aber wahrscheinlich wird er ja vorher in ein Heim kommen. Wir werden es daher nicht direkt mitbekommen, wenn mein Vater mit der Zeit immer mehr seine Grundfähigkeiten verliert. Ich halte es, auch wenn es schlimm klingt, für möglich, dass der Tag, an dem mein Vater in ein Heim kommt, nicht der schlimmste Tag meines Lebens sein wird. Für ihn wird es sicher das Beste sein, da wir alle irgendwann nicht mehr in der Lage, uns um ihn zu kümmern.

Ich denke, dass viele es wahrscheinlich für total unmoralisch halten, den Ehemann und Vater in ein Heim zu stecken. Aber ich sehe, wie viel Kraft die gegenwärtige Situation von meiner Mutter fordert. Für sie ist dies eine der schwersten Zeiten in ihrem Leben. Sie muss uns Kinder erziehen, arbeitet 50 Stunden in der Woche, macht den Haushalt, passt auf meinen Vater auf und muss darauf achten, dass sie keinen Burnout oder so etwas Ähnliches kriegt. Und wenn das alles immer schwerer für sie wird, wird sie die Pflege meines Vaters irgendwann überhaupt nicht mehr bewältigen können.

Also jedem, der meint, dass er das alles wunderbar hinkriegt und seinen Vater nie in ein Heim stecken würde, möchte ich sagen, dass er sich hundertprozentig irrt!

Ich schreibe ein Buch

»Ich schreibe ein Buch, ich schreibe tatsächlich ein Buch!« Das war mein erster Satz gewesen, als mir klar wurde, was das bedeutet. Mit 15 ein Buch zu schreiben, ist etwas extrem Seltenes. Es gibt Menschen, die studiert haben, erwachsen sind, viel erlebt haben und sehr viel besser schreiben können als ich und deren Texte trotzdem von Verlagen abgelehnt werden. Im Vergleich zu anderen Leuten mit ihren Büchern habe ich in meines auch nicht viel Arbeit reingesteckt. Natürlich habe ich mir beim Schreiben eine Menge Mühe gegeben, aber wenn man das vergleicht mit dem ganzen Hin und Her, das für andere Bücher benötigt wird, dann habe ich mich dafür, ehrlich gesagt, kaum anstrengen müssen.

Es lief nämlich folgendermaßen: Mein Patenonkel ist Chefredakteur bei einem Philosophie-Magazin. Und der fragte mich eines Tages, ob ich eventuell daran interessiert wäre, einen Artikel über die Krankheit meines Vaters zu schreiben. Ich sagte zu, weil ich das wirklich schon einmal tun wollte und weil ich meiner Meinung nach für ein paar Seiten unglaublich gut bezahlt werden würde. Das Ganze fiel mir daher so in den Schoß. Ich schrieb den Artikel, meine Mutter fand ihn gut und zeigte ihn einem Freund: Markus, dem Verleger ihrer Bücher. Der Artikel gefiel ihm sehr und kurze Zeit später fragte er an, ob ich Lust hätte, über mein Thema noch ein bisschen ausführlicher nachzudenken und mehr als nur einen Artikel für eine Zeitschrift zu schreiben.

Also, wie gesagt, ich musste mich nicht einmal bei einem Verlag bewerben, um dieses Buch hier zu schreiben. Und wie ich eben auch schon erwähnte, habe ich in das Schreiben nicht besonders viel Arbeit gesteckt. Mein Buch ist auch extrem kurz, denn ich kann nur schreiben, was ich mit meinem Vater, meiner Mutter und meinen Geschwistern erlebt habe. Ich kann jeden verstehen, der meint, dass ich es viel zu einfach hatte. Aber ich sehe das nicht so.

Der Grund dafür, dass ich dieses Buch geschrieben habe, ist der, dass ich hoffte, so mit der Krankheit besser umgehen zu können. Ich rede sonst außerhalb meiner Familie kaum über sie. Die meisten meiner Freunde wissen zwar von der Demenz meines Vaters, aber ich rede mit ihnen trotzdem nicht so gerne darüber. Mit ihnen will ich halt Spaß haben und abschalten.

Dass ich mich entschieden habe, das Buch zu schreiben, hatte zudem mit der Hoffnung zu tun, damit die Situation zu Hause besser bewältigen zu können. Aber ich hatte auch Lust auf eine ganz neue Erfahrung. Diese Krankheit ist wirklich schlimm, und mit ihr zu leben, ist halt auch schlimm. Ich denke, dass dieses Buch jetzt eine Art Ausgleich dafür ist, dass mein Vater krank ist.

Einen kranken Vater zu haben, ist eigentlich auch total unfair. Nur ganz wenige sind ja in so einer Situation wie wir. Und wenn ich die Wahl hätte zwischen keinen kranken Vater zu haben und dafür auch kein Buch zu schreiben und einen kranken Vater zu haben und ein Buch zu schreiben, würde ich, ohne zu zögern, die erste Option wählen.

Aber so funktioniert das Leben nicht. Manchmal verliert man etwas zum Beispiel oder es wird der eigene Vater schwer krank, und manchmal gewinnt man etwas Unerwartetes. In dem Fall darf ich mit 15 bereits ein Buch schreiben, ohne mich dafür extrem angestrengt zu haben.

Eben habe ich von dem Buch als Möglichkeit der Bewältigung gesprochen. Ja, ich finde das Buch perfekt dafür. Aber tatsächlich gehen meine Geschwister und meine Mutter total anders mit der Demenz meines Vaters um, als ich es tue. Zumindest was das Thema Bewältigung angeht.

Meiner kleinen Schwester macht die Krankheit, glaube ich, am wenigsten Probleme, sie lebt total offen mit ihr, jeder ihrer Freunde weiß von der Krankheit, und ich habe sie noch nie total traurig wegen der Demenz unseres Vaters gesehen. Ich beneide sie darum, dass sie es schafft, trotz der Krankheit genauso wie vorher glücklich und offen zu jedem zu sein.

Mein Bruder tut sich da ein bisschen schwerer. Er redet vor seinen Freunden sehr ungern darüber, was ich verstehen kann, ich tue es ja auch nicht wirklich gern. In der Familie kann er allerdings sehr gut darüber reden. Und er ist, glaube ich, die Person, die meinen Vater am besten davon überzeugen kann, bestimmte Dinge zu tun. Oder zu lassen. Aber, wie gesagt: Es fällt ihm vor seinen Freunden sehr schwer, über unseren Vater zu sprechen. Ihn macht die Demenz meines Vaters eindeutig trauriger als meine Schwester – zumindest wirkt es so auf mich.

Meine Mutter ist bei dem Thema die Offenste von uns allen. Sie redet nicht nur mit jedem in der Familie darüber, sondern spricht wirklich viel vor Freunden über unser Leben. Sie löst das Ganze für sich sehr gut, aber trotzdem weiß ich nicht, ob ich behaupten könnte, dass sie es einfacher hat als meine Geschwister und ich. Für sie ist es auf jeden Fall nur halb so schwer, über die Krankheit zu sprechen. Aber die Gesamtsituation zerrt meiner Meinung nach mehr an ihren Kräften als an denen ihrer Kinder. Das liegt natürlich daran, dass sie unentwegt jonglieren muss. Sie arbeitet, erzieht ihre Kinder, macht den Haushalt und hilft meinem Vater. Aber sie bewältigt das alles wirklich gut, auch wenn es natürlich wahnsinnig belastend für sie ist.

Bei meinen Halbgeschwistern weiß ich nicht so gut, wie sie damit umgehen. Sie wohnen mehrere Stunden Autofahrt entfernt, und wir sehen sie deshalb nur zwei bis vier Mal im Jahr. Wenn sie bei uns sind, bringen sie meinen Vater immer zum Lachen. Dann reden sie normal viel mit unserem Papa und verbringen trotzdem noch Zeit mit uns. Natürlich weiß ich nicht, ob sie bei sich zu Hause mit Freunden oder generell über die Krankheit reden. Jedenfalls wirkt es auf mich so, als wäre es für sie nicht so schwer, damit umzugehen.

Es ist tatsächlich so, dass in unserer Familie jeder seine eigene Methode hat, mit der Krankheit umzugehen. Insgesamt kann ich nicht beurteilen, welche Art des Umgangs ich am besten finde. Aber es ist auf jeden Fall gut, dass es jeder auf seine Weise versucht und so herausfindet, wie man am besten damit lebt.

Die Geschichte
mit dem Nagel im Fuß

Ich erinnere mich an eine alte Geschichte, die mir an dem Tag wieder einfiel, als ich meinen Papa zum ersten Mal weinen sah.

Ich war ungefähr fünf oder vier; wir wohnten noch in unserer früheren Wohnung, und ich hatte einen Experimentierkasten geschenkt bekommen, zu dem auch ein paar Nägel gehörten. Sie fielen mir auf den Boden und auf einen Teppich, und ich wurde angehalten, sie alle aufzusammeln. Ich tat dies, weil mir damals gesagt wurde, dass die Person, die einen der Nägel in den Fuß bekäme, weinen würde.

»Auch Papa?«, fragte ich.

»Ja, auch der.«

Am nächsten Morgen wurde ich von einem Schrei geweckt. Mein Vater stand, mit einem Nagel ungefähr zwei Zentimeter tief in seinem Fuß, in unserem Bad. Ich erschrak, weil ich offensichtlich nicht alle Nägel beseitigt hatte. Nach ungefähr fünf Minuten des Inspizierens zog mein Vater den Nagel heraus und brummte: »Ich muss zur Arbeit.«

Ich staunte. Mir war gesagt worden, dass jeder, der so einen Nagel im Fuß hat, weinen würde, aber mein

Papa hatte nicht geweint. Das hat mich damals mit Stolz erfüllt.

Und nun saß ich da, Jahre später, und sah ihn weinen. Den Mann, zu dem ich immer aufgeschaut hatte, den Mann, dessen Beruf es war, Menschen das Leben zu retten, den Mann, der immer für mich da sein sollte als eine Art Beschützer, den Mann, der bis dahin nie geweint hatte, auch nicht, wenn ein Nagel tief in ihm steckte. Wir hatten zuvor über die Krankheit geredet, alle zusammen. Und jetzt sah ich ihn weinen, was ich erst nicht so recht realisierte, aber dann eben doch. Ich kämpfte dagegen an, auch zu weinen, und schaffte es dann auch. Aber mein Vater nicht. Er saß einfach da und ließ die Tränen zu. Er ließ zu, dass er in dem Moment der Verletzlichste im Raum war. Der, der Hilfe brauchte und Zuneigung. Er war total hilflos.

Das war der erste Moment, an dem ich so etwas wie eine Ahnung hatte, dass diese Krankheit mehr war als eine Form der Vergesslichkeit, die man Behinderung nannte. Sie brachte meinen Vater zum Weinen. So viele Gedanken schossen mir durch den Kopf. Ich hatte Angst, dass wir nun bald vielleicht viel ärmer werden würden. Eine weitere Angst war, dass meine Mutter, die ungefähr ein Jahr brauchte, um wieder ein Gleichgewicht zwischen der Arbeit und anderen Faktoren, die ihr Leben bestimmen, zu finden, sich überarbeiten könnte und wegen eines Burnouts oder einer psychischen Krankheit dann auch nicht mehr arbeiten und, noch viel wichtiger, für uns da sein könnte. Für mich, meine Geschwister und für unseren Papa. Ich war damals ungefähr elf Jahre alt und dachte am Anfang auch daran, dass mein Papa sich vielleicht sogar umbringen könnte.

Mittlerweile kommt mir der Gedanke absurd vor, aber wenn dein Vater von null auf hundert total traurig ist und du noch nicht genau weißt, wie Lebensmüdigkeit sonst so ist, und du mit elf nicht jede Lebenssituation einzuschätzen weißt, kann es nun mal vorkommen, dass du sogar so große Angst um das Leben deines Vaters hast, dass dein Gehirn sich die drastischsten Handlungen vorstellt, die passieren könnten.

Es hat sich viel verändert

Es ist generell sehr schwer, Veränderungen über einen längeren Zeitraum auszumachen. Trotzdem fallen mir sogar Veränderungen bei mir selber auf. Ich habe, seit mein Vater behindert ist, viele neue Leidenschaften. Ich interessiere mich jetzt total für Psychologie, vor allem, was die Themen Körpersprache und Manipulation betrifft, auch spiele ich jetzt Gitarre, mache Krafttraining und fange neuerdings an, mich für Philosophie zu interessieren. Ich denke, dass da ein Zusammenhang zwischen den neuen Leidenschaften und der Krankheit meines Vaters besteht. Ich schaffe mir eine Reihe von Möglichkeiten, mich durch viele neue Hobbys ablenken zu können.

Früher habe ich eigentlich nur Fußball gespielt und mich mit Freunden bei mir oder bei ihnen getroffen. Ich treffe mich immer noch mit Freunden, und auch Sport ist immer noch Teil meines Alltags. Aber wenn man einen Vater hat, der, auch wenn er nichts dafür kann, einen die ganze Zeit beschuldigt, ein Werkzeug wie zum Beispiel eine Kneifzange von ihm gestohlen zu haben, verliert das Treffen mit Freunden zu Hause schon ziemlich an Reiz.

Das mit dem ständigen Misstrauen ist auch eine Folge der Krankheit. Mein Vater kann Situationen nicht mehr richtig einschätzen, und wenn man ihn dann am Ende darauf hinweist, dass seine Kneifzange sich die ganze Zeit in seiner Tasche befindet, klingt das vielleicht nach einem Witz aus einem mittelguten Comic, aber wenn man solche Dinge Tag für Tag miterlebt, macht es einen eher traurig. Ich gebe meinem Papa nicht die Schuld daran. Er kann ja nichts dafür.

Das mit der Ablenkung mache ich natürlich auch deshalb, weil ich sehr gerne zu Hause bin. Dann ziehe ich mich einfach in mein Zimmer zurück und beschäftige mich mit einem meiner Themen, bin am Handy, spiele Gitarre oder mache Krafttraining.

Es hat sich aber auch viel bei meinem Vater verändert. Er war am Anfang der Krankheit sehr traurig. Er als Arzt wusste wahrscheinlich ziemlich genau, dass er immer weniger Dinge würde machen können, die er früher noch machen konnte. Arbeiten, Auto fahren, handwerkliche Reparaturen, über Biologie reden und nachdenken. Er kann jetzt viele Dinge überhaupt nicht mehr.

Trotzdem gibt es immer noch Momente, in denen er uns total überrascht. An dem Tag, an dem wir ihm gefühlt eine Million Mal sagen mussten, dass sich die Hundeleine in der Garderobe befindet, sagte er trotzdem auf einmal an demselben Abend bei einer

Dokumentation über Tiere: »Oh, ein Helmkasuar.« Dann stellt sich oft heraus, dass der von ihm genannte Name der richtige für dieses seltsame Tier ist …

Zu dem letzten Punkt der oben aufgezählten veränderten Dinge, dem Nachdenken, kann ich nichts sagen. Was er denkt, worüber, wie lange – das kann ich echt nicht wissen. Er kann einem ja auch schlecht davon erzählen, denn er könnte Erzählungen darüber, wie es sich anfühlt, wenn man etwas sagen möchte und auf einmal völlig vergessen hat, worum es überhaupt geht, vermutlich nicht beenden, da ihm höchstwahrscheinlich mitten im Reden auf einmal so etwas wie ein Blackout passieren könnte.

Aber ich weiß es nicht.

Dieses Vorbild
nicht mehr zu haben …

Manchmal werde ich gefragt, ob ich meinem Vater gerne noch etwas sagen würde, was mit Erinnerungen an die Zeit zu tun hat, als er noch gesund war. Ja, es gibt da einiges, aber immer wieder fällt mir folgende Geschichte ein:

Als ich neun wurde, bekam ich zum Geburtstag ein ganz tolles Geschenk. Ich würde mit meinem Vater für fünf Tage nach London fahren. Wir würden in ein schönes Hotel gehen und uns London ansehen. Aber das Beste für mich war, dass ich mit meinem Vater in das Harry-Potter-Studio gehen würde. Im Studio der Filmproduktion waren fast alle Requisiten der gesamten Filmreihe zu sehen sowie bühnengroße Schauplätze und ein gigantischer Fanshop, in dem es wirklich extrem viel für Fans gab. Harry Potter war damals meine absolute Lieblingsbuch- und Filmreihe.

Die London-Reise war in jeder Hinsicht perfekt, wirklich, auch im Nachhinein.

Aber am letzten Tag der Reise passierte etwas Schlechtes. Das Maskottchen des FC Bayern war auf so einem Platz, an dem wir auch gerade waren. Wir erfuhren, dass sich alle Münchener Spieler ein paar Hotels weiter aufhielten. Ich wollte unbedingt da hin. Es war für mich einfach unglaublich. Spieler zu sehen, die du nur vom Fernsehen kennst. Aber mein Vater sagte Nein. Sein Nein hatte natürlich einen berechtigten Grund, wir mussten los. Ich war erst extrem traurig und wurde dann so richtig sauer. Die ganze Zeit auf dem Rückweg zu unserem Hotel war ich voll beleidigt.

Als wir eine Stunde später mit der U-Bahn zum Flughafen fuhren, hielt mir mein Vater die Hand hin, sah mir in die Augen und guckte ziemlich traurig. Dann sagte er: »Es tut mir leid.« Mehr sagte er nicht, er rechtfertigte sich nicht oder dergleichen. Ich ignorierte ihn, da ich immer noch beleidigt war. Ich kriegte damals nicht mit, wie sehr ich ihm damit wehtat. Es war letztendlich auch gar nicht so schlimm für mich gewesen. Nachdem wir in Hamburg angekommen waren, war ich schon überhaupt nicht mehr wütend.

Mein Vater hatte aber noch Wochen später schlimme Gewissensbisse, da er das Gefühl hatte, mir eine schlechte Reise geschenkt zu haben. Dass ich die Tage in London sehr schön gefunden hatte, kriegte mein Vater gar nicht mit, weil ihm immer wieder nur die ersten Stunden nach dieser Sache mit dem Bayern-Maskottchen durch den Kopf gingen.

Als mein Vater schon ungefähr zwei Jahre krank war, habe ich mit meiner Mutter über die Reise geredet. Sie erzählte mir, wie traurig mein Vater damals war. Nun hatte *ich* heftige Gewissensbisse. Heute bereue ich es, nicht ein wenig dankbarer gewesen zu sein. Mein Vater hatte sich damals so viel Mühe gegeben, um mir ein möglichst perfektes Geschenk zu machen. Das war es auch, aber ich war nur sauer gewesen und hatte mich einfach nur kindisch verhalten.

Ja, das wäre meine Antwort, meine Antwort auf die Frage, ob ich meinem Papa im Nachhinein gerne noch etwas sagen würde. Ich würde ihm sagen, dass diese Reise damals wunderbar war und ich mich freue, dass er sie mit mir unternommen hat. Ich würde ihm natürlich gerne noch viel mehr sagen. Es gab ja so viele Momente zwischen uns beiden, über die ich gerne noch einmal mit ihm gesprochen hätte. Trotzdem halte ich es nicht für das Schlimmste an der Krankheit, solche Gespräche mit meinem Vater nicht mehr führen zu können.

Ich denke, viel schlimmer ist es, dass ich mein Vorbild verloren habe – und dass ich meinen Vater täglich so traurig sehe.

Das Schlimme daran, meinen Vater mit jedem Tag trauriger zu sehen, ist, dass ich nicht weiß, wie ich es hinbekommen könnte, ihn glücklicher zu machen. Angeblich ist das Gefühl, verstanden zu werden, besonders wichtig, wenn man Alzheimer hat. Deswegen bemühe ich mich täglich darum und sage meinem Vater zum Beispiel, dass ich ihm recht gebe. Das Problem dabei ist aber, dass es echt schwer ist, durchgehend so auf ihn einzugehen. Immer häufiger rutscht mir ein »he?«, ein »was?« oder Ähnliches heraus.

Extrem wichtig ist auch, dass man ihm weiterhin Aufgaben gibt und er so das Gefühl kriegt, immer noch wichtig zu sein. Das ist aber auch mittlerweile fast unmöglich, da mein Vater in den meisten Fällen überhaupt nicht mehr in der Lage ist, selbst kleine Aufgaben zu übernehmen.

Vor Kurzem streichelte er unseren Hund und fragte dabei, wo unser Hund ist, da er mit ihm Gassi gehen wollte. Wir sagten es ihm, woraufhin er die Leine holen ging. Auf dem Rückweg fragte er wieder, wo der Hund gerade ist. Und dann noch einmal. Daran merken wir, dass er bald nicht mal mehr in der Lage sein wird, mit unserem Hund spazieren zu gehen. Ihm das Gefühl von Wichtigkeit bald überhaupt nicht mehr geben zu können, macht mich sehr traurig. Und ihn vor allem auch.

Ich habe früher immer zu meinem Vater aufgesehen. Ich habe seine großartigen Taten bewundert, wie zum Beispiel das Retten von Leben bei seiner Arbeit als Arzt, aber habe auch seine schelmischen und witzigen Taten geliebt.

Zum Beispiel waren wir früher oft im Zoo. Und sehr häufig holte unser Vater mir und meinen Geschwistern Federn aus dem Gehege der Vögel. Das war dann immer total aufregend, weil wir wussten, dass unser Vater in dem Moment nur für uns gegen die Regeln verstieß. Es gab ganz viele solcher Momente, in denen er Verbote für uns einfach ignorierte. Und bei solchen Aktionen blickte ich stolz zu ihm auf.

Dieses Vorbild nicht mehr zu haben, ist für mich wirklich ein unglaublicher Verlust. Ich glaube nicht, dass es je wieder möglich sein wird, diese Lücke zu füllen, da ein Vater für sein Kind etwas Unersetzliches ist. Er ist natürlich nicht weg, aber es ist für mich einfach nicht mehr möglich, außer bei Erinnerungen an alte Geschichten, noch irgendwie zu ihm aufzublicken. Dennoch ist Gesundheit meiner Meinung nach für die Vater-Rolle nicht das Wichtigste. Es gibt darüber hinaus wichtigere Eigenschaften für einen Vater, auf die komme ich noch zurück.

Jedenfalls habe ich meinen Vater nach seiner Erkrankung immer mehr als Vorbild verloren, da es heute nichts mehr gibt, was ich mit seinen wunderbaren Aktionen von früher vergleichen könnte.

Allerdings war da vor Kurzem etwas, was uns alle erheitert hat. Ein Mann vom Verlag besuchte uns und sah, dass wir in einer Ecke des Hauses einen Tischfußballtisch stehen haben. Er fragte, ob jemand Lust auf ein Spiel hat, und mein Vater sagte »ja«. Die zwei gingen an den Tisch, spielten, und mein Vater gewann. Er war für einige Minuten unglaublich gut, und ich glaube, dieser kleine Sieg hat ihm sehr gefallen.

Mein Vater
und seine Stockkunst

Auch wenn das, was ich hier aufschreibe, bis auf die Geschichten von früher oder die mit dem Tischkicker, einfach nur trostlos klingt, ist ja nicht alles schlecht. Natürlich ist das Leben meines Vaters mit der Krankheit viel schlechter, als es sein Leben vorher war – aber es gab, gibt und wird auch immer wieder schöne Momente geben. Für ihn wie für die ganze Familie.

Mein Vater hat sich, so ähnlich wie ich, neue Beschäftigungen gesucht, wahrscheinlich auch um sich abzulenken oder Neues zu entdecken. Seitdem er an Alzheimer leidet, hat er angefangen, sich an die Kunst zu wagen. Er schnitzt jetzt. Aber keine Dinge wie kleinere Figuren oder irgendwelche Statuen, er geht in den Wald, sucht auf dem Boden oder im Gebüsch liegende Stöcker und schnitzt zum Beispiel die Rinde ab.

Weil meine Mutter und meine Geschwister ihn dabei unterstützen, haben wir vor ungefähr einem Jahr eine Vernissage für seine Kunst gemacht. Aber auch das hat ihn nicht besonders glücklich gemacht, obwohl die Party genau nach seinen Vorstellungen abgelaufen ist. Es kamen tolle Gäste, Essen und Trinken waren lecker, es wurde eine schöne Rede gehalten, und die Stimmung war total positiv. Trotz alledem war er am Abend, als die Gäste gegangen waren, unglücklich.

Er war unglücklich, weil es sich für ihn nun so anfühlte, wie er sagte, als würde er mit der Stockkunst ganz aufhören müssen. Als ich das gehört habe, hat es mich wirklich schockiert. Wir waren total ratlos, weil wir nicht wussten, was wir hätten besser machen können.

Aber trotz solcher Momente erinnere ich mich zum Beispiel an einen Nachmittag, als Papa mich einmal gerufen hat und ich völlig ahnungslos zu ihm hochgegangen bin. Er gab mir einen kleinen geschnitzten Stock. Ich fragte, was es damit auf sich hatte, und er versuchte zu antworten, aber schaffte es nicht. Der Stock war nicht sonderlich schön und sah nicht aus, als ob er etwas Besonderes sei, aber als ich später wieder in meinem Zimmer war, musste ich weinen.

Nicht aus Enttäuschung oder Ähnlichem, nicht, weil ich mir mehr von meinem Vater erhofft hatte oder weil ich mich erinnerte, dass er mir früher schöne Dinge kaufte. Ich weinte, weil ich einfach nur traurig war. So traurig, weil ich gesehen habe, dass er gerne viel mehr tun wollte; er wollte seine Sache machen, er wollte wieder wichtig sein, und das aus

Freude. Mich hat das so berührt, weil ich wusste, dass er mich immer noch trotz seiner Krankheit lieb hat, und das ist einfach ein so tolles, einzigartiges Gefühl, das mir diese Krankheit nicht nehmen kann!

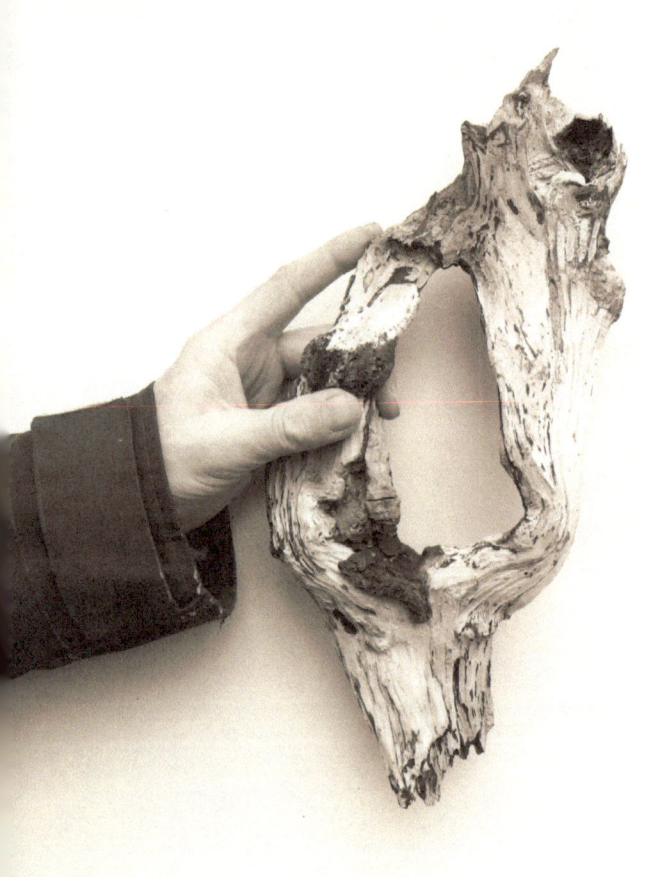

Man muss zusammenhalten

Im Titel meines Buches steht das Wort »Privileg«. Mir ist natürlich klar, dass man damit ein Problem haben kann. Dass viele es wahrscheinlich unmöglich finden, dass ich von einem Privileg spreche. Ich müsste lügen, wenn ich behaupten würde, dass diese Krankheit etwas sehr Tolles ist. Es wäre auch gelogen zu behaupten, dass ich, wenn ich die Möglichkeit hätte, diese Krankheit verschwinden zu lassen, das nicht tun würde. Ja, es stimmt: Diese Krankheit ist alles andere als schön.

Aber tatsächlich gibt es indirekt positive Folgen, die derzeit noch gar nicht so richtig erkennbar sind und einen gewissermaßen *privilegieren*. Die Krankheit hat mich, meine Mutter und meine Geschwister extrem zusammengeschweißt. Wir haben gelernt, durch unbedingten Zusammenhalt die Lücke zu füllen, die die Krankheit meines Vaters verursacht hat. Eigentlich hat fast jeder im Haus momentan mehr zu tun als vor fünf Jahren. Also, meine Geschwister und ich jobben und haben auch unsere Hobbys. Meine Mutter arbeitet deutlich mehr als früher, und trotzdem verbringen wir viel Zeit zusammen. Wir reden viel über meinen Papa.

Wir reden zum Beispiel darüber, wie unser Leben wäre, wenn nicht er, sondern unsere Mutter die Krankheit bekommen hätte. Vielleicht würde mein Vater dann noch mehr arbeiten und sehr selten zu Hause sein, und Dinge, die unsere Mutter früher erledigt hat und jetzt erledigt, wie Geburtstage organisieren, würde eine Haushaltshilfe machen, die mein Vater vielleicht eingestellt hätte. Meine Mutter meint, dass sie gerne ein langes Buch schreiben würde, wenn sie Alzheimer bekäme, mit dem das Verblassen ihres Geistes dokumentiert werden würde. Man würde lesen können, wie sich ihr Denken langsam mit der Krankheit verändert, da ihr Buch sehr lang werden würde. Diese Buchidee ist an das Buch von Richard Taylor angelehnt. Ich habe »Alzheimer und Ich« nie gelesen, aber davon gehört.

Die Gespräche, die wir miteinander haben, sind wichtig, wenn man in der Familie von einer Krankheit oder einem anderen Unglück getroffen wird. Vielleicht ist das sogar das Wichtigste bei uns. Man muss zusammenhalten, denn wenn wir das als Familie nicht tun würden, hätte die Krankheit gewonnen. Ich stelle es mir ganz schlimm vor, wenn sich die Familie eines Erkrankten auf Dauer zerstreitet oder auseinanderlebt, schlimmer noch, als wenn sie unter ganz direkten Folgen wie zum Beispiel weniger Geld oder Verlust der Wohnung oder Ähnlichem leidet.

Tatsächlich ist unsere Familie richtig zusammengewachsen. Das ist etwas sehr Schönes und, ich denke, auch etwas Seltenes. Aber für mich gibt es in dieser Situation noch weitere Vorteile, die man wertschätzen sollte. Auch wenn die Krankheit meines Vaters furchtbar ist, kann ich eigentlich froh sein, nicht auf die eigentlich vorgesehene Art aufzuwachsen.

Ich bin ein Junge mit Geschwistern und zwei Eltern, die nicht geschieden sind. Ich habe keine Behinderungen, bin sportlich, gut in der Schule und nicht unbeliebt. Ich wachse in einem Akademikerhaushalt auf, werde wahrscheinlich studieren können und später einen angesehenen Beruf ausüben können.

Auf diese Weise hätte ich mich beschrieben, wenn bei meinem Vater nie die Behinderung diagnostiziert worden wäre. Aber ist es überhaupt gut, in der Kindheit gar keine Hürden überwinden zu müssen? Ich denke, die Antwort ist Nein. Man würde ohne Hürden für sein späteres Leben nie lernen, dass nicht immer alles nach Plan läuft und dass das Leben nicht nur anstrengend ist, sondern auch ungerecht sein kann.

An der Stelle möchte ich einen Freund zitieren, der mir zu der Zeit, als die Krankheit meines Vaters noch neu war, folgenden Satz gesagt hat: »Wenn du in deinem Leben überhaupt keine Probleme hast, ist genau das dein Problem.«

Damals verstand ich das nicht so richtig, aber mittlerweile schon, und es beschreibt das, was ich sagen will, sehr gut.

Natürlich kann ich dieses Buch auch nur schreiben, weil meine Geschwister und ich die Erfahrung der Krankheit gemacht haben. Ich kann, denke ich, dankbar sein, dass mein Vater und nicht meine Mutter dement ist. Zum einen unterstützt mich meine Mutter in allem, was ich tue, und zum anderen halte ich es für deutlich schwieriger, als Sohn über seine kranke Mutter als über seinen kranken Vater zu schreiben.

Dies ist zwar nur eine Vermutung, aber ich glaube, sie stimmt. Väter erfüllen für Söhne eine Vorbildfunktion. Das tun Mütter zwar auch, aber Väter mehr. Mit Müttern kann man dafür besser reden, und sie sind im Schnitt wahrscheinlich auch mehr für ihre Kinder da.

Zudem halte ich es für einfacher, über ein verlorenes Vorbild zu reden als über einen verlorenen Tröster. Wobei mein Vater nur noch durch alte Geschichten, wie er zum Beispiel einmal einem Obdachlosen das Leben gerettet hat, ein Vorbild für mich sein kann. Das schafft er jetzt leider nicht mehr. Meine Mutter könnte mich hingegen immer trösten. Daran könnte sie nicht einmal eine solche Krankheit hindern. Deswegen denke ich, dass man besser über etwas schreiben kann, was man quasi ganz verloren hat, als über etwas, das irgendwie immer noch da ist.

Ich will damit nicht sagen, dass alle Väter Vorbilder und alle Mütter Trösterinnen sind. Es geht natürlich auch andersherum, und natürlich sind Eltern insgesamt weit mehr als das.

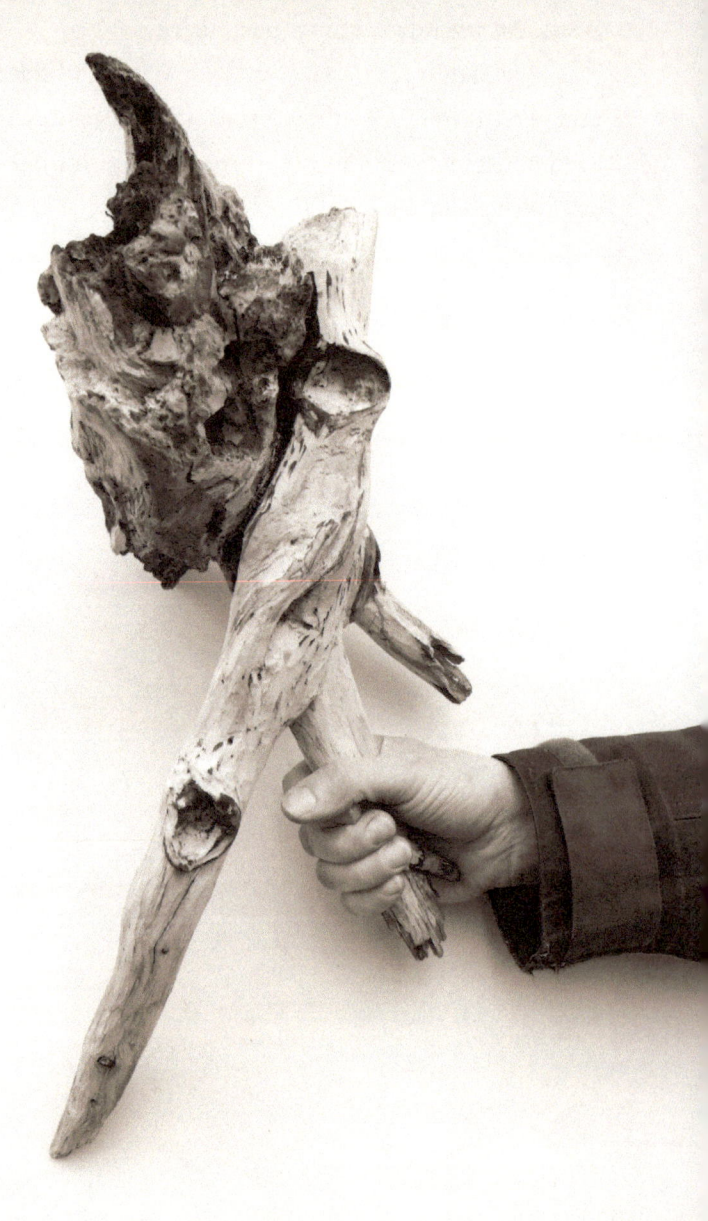

Mein Vater wird gesucht

Es gibt mittlerweile schon Momente, in denen sich die Rollen von früher umgekehrt haben oder ich zumindest Dinge für ihn erledige, die er früher immer erledigt hätte. Dazu gehört auch so etwas wie Bier öffnen oder Schränke aufbauen. Aber das sind ja noch ziemlich harmlose Sachen. Es gab allerdings auch schon wirklich sehr heftige Momente.

Ich möchte jetzt von einer Geschichte erzählen, in der mein Vater weggelaufen ist.

Ich weiß nicht mehr, was an dem Tag passiert war, bevor mein Vater wegging. Jedenfalls war er ungefähr um 16 Uhr weg und um 18 Uhr immer noch nicht wieder da. Wir dachten alle, er wäre vielleicht Zigaretten holen oder in den Wald gegangen und hätte sich ein bisschen verlaufen oder so. Das war aber nicht der Fall. Was wir dann erst gegen 20 Uhr realisierten. Danach schalteten wir direkt die Polizei ein.

Es waren an dem Tag zwei oder drei Freunde bei uns. Ein Freund, er heißt Björn und ist mein Gitarrenlehrer und ein guter Freund von uns und unserer Nachbarin, war die ganze Nacht in unserem Haus und für uns da. Meine Mutter, meine Geschwister und ich schliefen gegen zwei Uhr ein, da wir einfach nicht mehr konnten. Aber Björn nicht, er blieb die ganze Nacht wach und las ein Buch, um nicht einzuschlafen. Er wollte bereit sein für den Fall, dass mein Vater gefunden werden würde. Er holte sich einfach ein Buch aus dem Bücherschrank meiner Mutter und fing an zu lesen. Als ich mitten in der Nacht einmal aufwachte, weil ich eine Polizeisirene hörte, sah er nur vom Buch auf und schüttelte den Kopf. Mehr nicht. Dann las er weiter. Bis zum anderen Morgen. »Aufwachen, ich muss jetzt zur Arbeit.« Und dann ging er einfach los. Dafür sind wir ihm bis heute dankbar.

Am nächsten Tag ging die Suche weiter. Es tauchten mehr als 50 Leute bei uns im Haus auf. Sogar die beste Freundin meiner Mutter kam extra aus Bremen her. Es wurde Essen für alle gekocht, Plakate wurden aufgehängt, Aufrufe über Facebook gestartet, und alle unterstützten, so gut es ging, die Polizei, damit die Suche vorangehen konnte. Mein bester Freund war auch da; er und ich suchten auf Fahrrädern in den umliegenden Wäldern. Es waren wirklich sehr viele Helfer gekommen, die uns auch ein wenig ablenkten.

In diesen verzweifelten Stunden wurde mir klar: Wenn du in Schwierigkeiten bist, fällt dir auf, wer von deinen Freunden ein wirklich guter Freund ist.

Wir konnten sehen, dass wir anscheinend viele gute Freunde haben, die, wenn es sein muss, in unserer Nähe sind.

Jedenfalls wurde rund um die Uhr gesucht, es kamen den Tag über dauernd neue Leute zu Hilfe, und die Suchaktionen wurden immer intensiver. Gegen Mittag kam dann auch noch ein Polizeispürhund, der meinen Vater finden sollte. Er hatte allerdings überhaupt keinen Erfolg, obwohl er ein Kleidungsstück meines Vaters zu riechen bekam. Tatsächlich fand er überhaupt nichts. Insbesondere meine Mutter, die viel Hoffnung in diesen Hund gesetzt hatte, wurde immer verzweifelter.

Abends kam dann ein zweiter Polizeispürhund. Der war zwar sehr viel besser als der erste, aber er erschnüffelte auch nur eine alte Route, die mein Vater Tage vorher gegangen war. Irgendwann bekamen wir mit, dass zusätzlich noch Hubschrauber und Polizeiautos in der Gegend umhergefahren und -geflogen sind.

Dann abends, als die allermeisten schon gegangen waren, wurde mein Vater gefunden. Er war sehr weit gelaufen, sodass man ihn wirklich nur ganz schwer finden konnte. Meine Mutter weinte vor Freude und Erleichterung, als sie erfuhr, dass die Suche erfolgreich war. Wir waren alle ungeheuer erleichtert, als er gebracht wurde, aber auch zu erschöpft, um das glückliche Ende zu feiern oder uns aufzuregen oder beides.

Ich könnte mir vorstellen, dass sich Leute fragen, warum mein Vater nicht viel, viel früher gefunden wurde. Aber ich – als einer, der täglich diese Krankheit erlebt – wundere mich, dass er überhaupt so früh gefunden wurde, da er sich wirklich sehr weit von unserem Haus entfernt hatte. Zum einen kann er kein Handy bedienen, was er früher konnte, aber jetzt überhaupt nicht mehr. Und selbst wenn er es könnte, hatte er sein Handy auch gar nicht dabei. Sonst hätten wir ihn ja einfach anrufen können. Die Geschichte ist heute in etwa ein gutes Jahr her, und vor einem Jahr hätte er bestimmt noch einen Anruf annehmen können.

Außerdem kann mein Vater keine anderen Leute ansprechen und ihnen zum Beispiel sagen, dass sie bitte schön die Polizei anrufen sollen, weil er Alzheimer hat und vermisst wird. Das hat weniger mit seiner Krankheit zu tun als mit der Tatsache, dass mein Vater der ungefähr stolzeste Mensch der Welt ist. Ihm wäre das alles so peinlich, dass er lieber mehr als dreißig Stunden ohne Essen und Trinken und ohne ein Dach über dem Kopf alleine weg wäre, als einem fremden Menschen etwas Derartiges zu sagen.

Als ich mir damals das mit seinem Stolz klargemacht habe, konnte ich es einfach überhaupt nicht verstehen – und eigentlich kann ich immer noch nicht verstehen, dass mein Vater so dickköpfig ist.

Kürzlich habe ich mir allerdings überlegt, dass das einfach eine seiner letzten Eigenschaften ist, die seit seiner Diagnose bis heute erhalten geblieben sind. Und wenn man darüber genauer nachdenkt, ist das ja eigentlich eine schöne Sache, denn die meisten Charaktereigenschaften meines Vaters sind schon längst verblasst. Es gehört zum Verlauf der Krankheit, dass man immer mehr von der Vielfalt des Charakters verliert. Deshalb ist es in gewisser Weise schön, dass es immer noch einen Teil in ihm gibt, der sich trotz der Krankheit nicht verändert hat … Das ist bei einer Alzheimererkrankung nach vier Jahren alles andere als selbstverständlich.

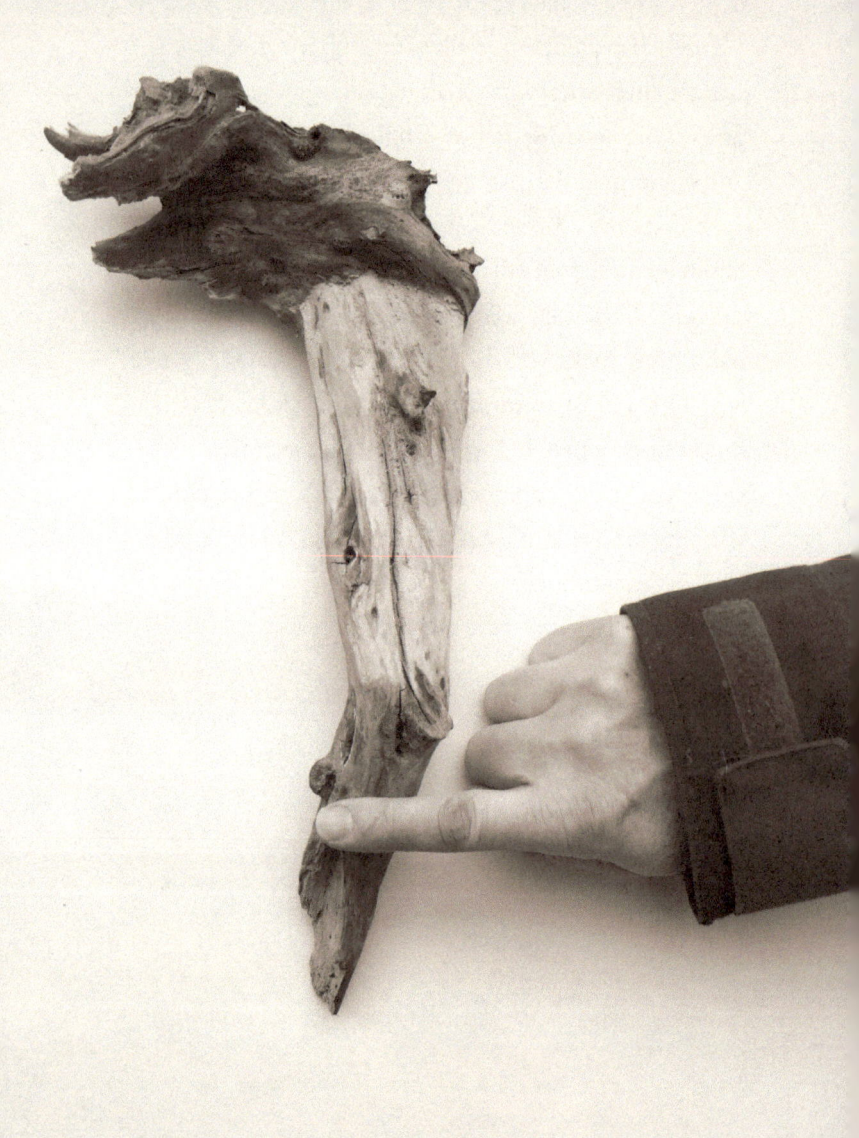

Erinnerungen

Wie wichtig Erinnerungen sind, fiel mir wirklich vor allem durch die Krankheit meines Vaters auf. Das Erinnern ist so eine Sache, die man als selbstverständlich betrachtet, aber dann wertschätzt, wenn man sie verliert. Ich habe sie natürlich nicht verloren und habe deswegen noch einige schöne Erinnerungen an ihn.

Ich frage mich oft, obwohl oder weil ich noch so jung bin, wie mein Leben aussehen würde, wenn mein Vater diese Krankheit nie bekommen hätte. Mein Leben wäre bestimmt total anders, aber auch mein Vater wäre anders, als er jetzt ist. Er hätte sich in den letzten 50 Monaten bestimmt nicht drastisch verändert, denn mein Vater war ein Mensch mit einem festen, eigenen Charakter. Er hatte ein enormes Wissen über Biologie in vielen Bereichen, auch war er introvertierter als meine Mutter, er sprach nicht viel, sondern zeigte seinen Gefallen an Menschen eher durch Gesten als durch Worte.

Ich erinnere mich noch an das Jahr 2014, als ich gerade anfing, mich für Fußball zu interessieren. Ich sammelte Panini-Sticker zu der Weltmeisterschaft in Brasilien und steckte mein ganzes Taschengeld der letzten zwei Jahre in dieses Heft mit den Stickern. Als mir nur noch eine einstellige Zahl von Stickern fehlte, wurde unser Auto geklaut, und in ihm war mein Heft. Als ich meinen Papa, der gerade als Arzt in der Dialyse arbeitete, weinend anrief und ihm erzählte, dass die Diebe jetzt auch mein Heft hätten, sagte er, dass er jetzt gerade nicht könne und er leider auflegen müsse.

Das ist jetzt über sieben Jahre her, und ich weiß nicht mehr, wie ich mich damals gefühlt habe; auf jeden Fall kam mein Vater etwa eine Stunde später nach Hause – mit Stickern mit einem Gesamtwert von über 100 Euro … Er hatte extra seine Arbeit unterbrochen, nur um mir diese Sticker zu kaufen. Ich habe mich extrem darüber gefreut, aber mein Vater machte keine große Sache daraus. Er hat das alles auch nicht besonders kommentiert, sondern nur gesagt, dass die Sticker für mich seien. Schließlich fuhr er rasch wieder weg, weil seine Arbeit einfach wichtig für ihn war. Aber in diesem Moment stellte er mich, seinen weinenden Jungen, über die Arbeit und über alles.

Von solchen Erinnerungen, die den Charakter meines Vaters zeigen, hätte ich gerne viele mehr. Ich hätte gerne mehr von ihm erlebt! Aber vor Kurzem erzählte mir meine Mutter von Briefen, die er am Anfang der Krankheit an seine Kinder schrieb. Für mich hat er natürlich auch einen geschrieben, und ich werde ihn lesen dürfen, wenn ich achtzehn bin.

Dieser Brief ist seine letzte Nachricht an mich. Und momentan treibt mich der Brief in gewisser Weise an. Er wird mir in ein paar Jahren noch einmal zeigen, wie mein Papa war, wie sein Charakter war, der durch seine Krankheit immer mehr verblasst, aber er ist immer noch in unseren Köpfen, da wir nicht seine Krankheit haben. Dafür sollten wir, meine Mutter und meine Geschwister, dankbar sein, denn Erinnerungen oder an Erinnerungen denken zu können, ist ein Geschenk, das meiner Meinung nach viel zu wenig wertgeschätzt wird!

Ich werde meiner Schwester bei ihrer Hochzeit den Brief von unserem Papa vorlesen, dafür, dass sie keinen Vater mehr haben wird, der sie zum Altar begleitet. Aber das werde ich dann tun. Überhaupt: Es gibt viele Situationen, in denen wir dann unseren Papa vertreten werden. Wie schon gesagt: weil sonst die Krankheit gewinnt.

Und es gibt auch noch unsere zwei Halbbrüder, mit denen zusammen werden wir uns auch an unseren Vater erinnern. Sie haben andere Erfahrungen mit ihm als wir und trotzdem ist es derselbe Vater.

Ein guter Vater ist …

Was macht nun einen guten Vater aus?

Die Frage ist auf keinen Fall klar zu beantworten. So wie die allermeisten ganz elementaren Fragen schwer zu beantworten sind.

Die Frage, was einen guten Vater ausmacht, beschäftigt mich sehr. Auch deshalb habe ich angefangen, mich für Philosophie zu interessieren. Es ist einfach toll und spannend, über Fragen nachdenken zu können, für die es einfach keine »normalen« und »einfachen« Antworten gibt. Ich kenne hierauf zwar eine Handvoll ziemlich überzeugender Antworten, bei denen es jedoch immer einen Haken gibt. Eine Antwort könnte die sein, dass der gute Vater immer für sein Kind da ist. Aber Männer aus bestimmten Kriegsepochen, wie der des Ersten oder Zweiten Weltkriegs, waren gewiss auch gute Väter, zumindest zum Teil, aber sie mussten ja in den Krieg ziehen. Eine andere Antwort wäre die, dass ein Vater, so gut es geht, auf sein Kind aufpasst und es immer zu beschützen versucht. Aber auch die hat einen Haken, denn ein überbesorgter Vater, der sein Kind nicht Spaß haben lässt an zum Beispiel sportlichen Aktivitäten, die natürlich gefährlich sein können, ist kein besserer Vater als der, der es mit der Sicherheit nicht so übertreibt.

Aber auch die Antwort, dass der gute Vater einer ist, der für sein Kind immer da ist, überzeugt mich nicht wirklich. Denn wenn ein Mann ein Leben führt, das ihm das nicht erlaubt, weil er unter Umständen beruflich nicht immer für sein Kind verfügbar ist oder wegen einer Scheidung sein Kind nur alle zwei Wochen sehen kann, aber ihm trotzdem immer wieder zeigt, dass er es lieb hat, ist auch der ein guter Vater für mich.

Ich denke, es wird hier nie eine zu 100 Prozent richtige Antwort geben, aber für mich ist die letztgenannte Antwort eigentlich die allerbeste. Wenn ein Vater seinen Sohn oder seine Tochter liebt, ist er für mich ein guter Vater. Er soll sein Kind so akzeptieren, wie es ist, und es trotzdem lieben. Auch wenn es behindert ist oder wird oder sonst etwas nicht so Schönes mit ihm passiert, was man lieber anders gehabt hätte, soll man sein Kind immer lieb haben.

Obwohl mein Vater mir Vieles bald nicht mehr sagen kann, werde ich immer glücklich sein, dass ich so einen Vater haben durfte. Denn mein Vater hat mich lieb, und nichts in der Welt kann etwas daran ändern, und deswegen ist er in meinen Augen ein guter Vater, auch wenn er eine Krankheit hat, die ihn daran hindern sollte.

Mehr über unsere Autoren und Bücher:
www.westendverlag.de

Die Deutsche Nationalbibliothek verzeichnet diese Publikation in
der Deutschen Nationalbibliografie; detaillierte bibliografische Daten
sind im Internet über http://dnb.d-nb.de abrufbar.

2. Auflage 2022
ISBN: 978-3-86489-369-8
© Westend Verlag GmbH, Frankfurt/Main 2022
Umschlagfoto: Marianne Moosherr
Umschlaggestaltung: Buchgut, Berlin
Fotos: Marianne Moosherr
Satz: Publikations Atelier, Dreieich
Druck und Bindung: CPI – Clausen & Bosse, Leck
Printed in Germany